Entre textos e afetos:
formando leitores dentro e fora da escola

Sonia Rosa

Entre textos e afetos:
formando leitores dentro e fora da escola

Copyright © 2017 by Editora Malê
Todos os direitos reservados.
ISBN 978-85-92736-17-0

Projeto gráfico e edição: Vagner Amaro
Revisão: Francisco Jorge
Diagramação: Márcia Jesus

Texto revisado segundo o novo Acordo Ortográfico da Língua Portuguesa.
Proibida a reprodução, no todo, ou em parte, através de quaisquer meios.

Dados internacionais de catalogação na publicação (CIP)
Vagner Amaro CRB-7/5224

R788e   Rosa, Sonia
    Entre textos e afetos: formando leitores dentro e fora da
escola / Sonia Rosa. – Rio de Janeiro: Malê, 2017.
    86p; 17 cm.
    ISBN 978-85-92736-17-0
    1. Mediação da leitura I. Rosa, Sonia. II. Título

                    CDD – 371.4

Índice para catálogo sistemático:

1. Mediação da leitura 371.4
2017
Todos os direitos reservados à Malê Editora e Produtora Cultural Ltda.
www.editoramale.com.br
contato@editoramale.com.br

Dedico este livro à Tatiane de Oliveira, minha
sobrinha querida, parceira de vida e de livros.

SUMÁRIO

PREFÁCIO 11

APRESENTAÇÃO 13

INTRODUÇÃO 21

CAPÍTULO 1

1.1. Por que conversar sobre textos e afetos em um livro? 23

1.2. Por que é tão importante ler para os pequenos? 25

1.3. Como é possível despertar a paixão pela palavra nos pequenininhos? 27

1.4. Leitura compartilhada é um abraço mediado pela leitura, logo, é um ato de amor! 31

1.5. O que são práticas leitoras? 35

1.6. Mas como é que se conta uma história? 39

CAPÍTULO 2

2.1. Ler, narrar ou contar uma história? ... 43

2.2. Mas que histórias contar, ler, narrar? ... 47

CAPÍTULO 3

3.1. Os contos populares ... 51

3.2. O começo: quando o tempo foi inaugurado ... 53

3.3. Os contadores de histórias I – Gregório Filho e a história da Casa da Leitura ... 59

3.4. Os contadores de histórias II – Contando histórias em hospitais: Projeto Viva e Deixe Viver ... 63

3.5. Os contadores de histórias III – E as histórias e os livros de literatura infantil também chegaram aos consultórios terapêuticos... ... 65

CAPÍTULO 4

4.1 . indústria dos livros – As editoras: 67
as fábricas de sonhos

4.2. Os escritores   71

4.3. Os ilustradores   79

4.4. Palavras final   83

A leitura alimenta sempre as ideias e desembaraça o olhar. Costumo dizer que o melhor presente para uma criança – desde o momento em que ela nasce – é um livro. Este é um presente para toda vida, ingrediente imprescindível para a criança crescer forte, feliz e cheia de ideias...

Sonia Rosa

Entre textos e afetos: formando leitores dentro e fora da escola.

PREFÁCIO

Sonia Rosa, leitora perspicaz, querida professora, salve!

Meu afeto,
Francisco Gregório Filho
Contador de Histórias.

Aqui neste livro de preciosas escrituras de sua lavra poética, percebo o quão generosa é sua atitude de compartilhar com todos nós, educadores sociais e contadores de histórias, suas reflexões e vivências como mediadora de leitura.

Viajante por esse Brasil, atuando em diferentes áreas do conhecimento, percebeu logo um imenso desejo das pessoas em dialogar sobre as muitas práticas sedutoras de formar leitores. Por isso, aprontou este caderno com anotações oriundas de sua convivência com professores, educadores e estudantes das muitas regiões do país.

Permita-me, estimada professora, registrar aqui, como leitor de seu caderno/ almanaque, o que observo de seus escritos e de seus discursos – um profundo respeito para com os professores, seus leitores, na voz de uma apaixonada admiradora da escola. Transbordam sua dedicação e cuidado não só com a formação, mas, sobretudo, com a manutenção desses leitores em seu exercício de plena cidadania.

De forma paciente, nos conta suas experiências e convivências com os espaços públicos de incentivo à leitura, sublinhando, com a delicadeza de sempre, a importância das leituras em voz alta e, mais ainda, da fundante estratégia de contar e ouvir histórias na qualificação do bom leitor e escritor. Livro de imensa necessidade de se fazer chegar às mãos e aos corações dos educadores.

Minha admiração e aplausos por sua trajetória e sua constante militância em constituir ações inventivas e poéticas para um país leitor. Leitor de literatura que recria um mundo melhor e possível para todos. Convido os envolvidos com uma educação que privilegia a formação de leitores a adentrar nestas narrativas e a tomá-las como inspiração para suas ações de formar cidadãos comprometidos com a ética e a solidariedade.

Agradecido à professora e escritora Sonia Rosa pela oportunidade e o encantamento de apreciar seu orientador caderno/livro, estímulo para a urgente e necessária desenvoltura do imaginário.

APRESENTAÇÃO

Um pouco da minha história: o amor é sempre o melhor começo!

Sou filha de duas extraordinárias mulheres: Adir e Arlinda, duas irmãs cheias de cumplicidades. Minha mãe e minha tia/madrinha. Ambas eram tão fortes que os homens da família ficavam pequenininhos perto delas. Eram baianas, mestiças, bonitas, cheirosas e audaciosas. Mulheres, que mesmo sem estudos, exercitavam a sabedoria do bem-viver. Sonhadoras e batalhadoras. Eram mães carinhosas e apaixonadas por seus filhos e creditavam neles muitas realizações que lhes foram impedidas – como, por exemplo, ir à escola e ler livros.

Minhas mães me ensinaram a ser amiga das palavras e nunca ter medo delas. Fui crescendo e, apesar das dificuldades do dia-a-dia, fui tecendo um mundo alegre, livre, colorido e permeado de histórias, cantigas, provérbios, trovas, adivinhações, brinquedos cantados e muita poesia. As muitas histórias – ouvidas e contadas em inocentes rimas e poesias – são, para mim, uma forma de apurar e realçar o gosto do viver até hoje. É o tempero da minha vida.

O tempo foi correndo nas asas do vento e acabei me tornando professora e pedagoga. Ao longo de trinta anos estive em contato direto com alunas e alunos, professoras e professores, escolas, crianças, jovens e livros. E criei três filhos leitores. Contei muitas histórias para eles, desde que moravam em minha barriga. Essas experiências de vida e de trabalho acabaram me levando a construir e cuidar de uma carreira de escritora infanto-juvenil.

Por tudo isso, entre dúvidas, inquietações e a certeza do sempre inacabado processo de crescer e viver, fui publicando meus livros e compartilhando muitos sentimentos em forma de livros para crianças.

Trabalhei durante dezesseis anos no nível central da Secretaria Municipal de Educação (SME) da cidade do Rio de Janeiro em um departamento que gerenciava as salas de leituras de toda a rede de ensino – eram mais de mil escolas! Uma das minhas funções consistia no acompanhamento do trabalho desenvolvido pelos professores nas salas de leitura, avaliação do acervo bibliográfico e midiático dessas salas, atualização e ampliação dos repertórios individuais de leitura, orientações para a melhor dinamização do acervo e sugestões de atividades exequíveis de leitura dentro das escolas envolvidas.

Estas atividades de coordenação eram sempre mediadas com a presença ativa de livros de literatura ou sobre leitura.

A equipe que eu integrava na SME se empenhava para receber, com frequência, autores para conversar com professores sobre suas obras e, ainda, nos nossos Centros de Estudos, refletíamos sobre os diferentes conceitos de leitura de diversos especialistas e seus muitos possíveis diálogos com outros saberes.

Essas experiências ao longo de tanto tempo foram provocando em mim cada vez mais uma intimidade com o assunto e um desejo crescente de compartilhar e estudar cada vez mais sobre a formação do leitor e a promoção da leitura – interesse que já havia sido deflagrado quando ingressei no curso de especialização "Teorias e Práticas da Leitura", na PUC-Rio, realizado entre os anos de 1995 e 1996.

Paralelo ao trabalho de professora pertencente a uma equipe dentro do nível central de uma Secretaria de Educação, o meu ofício de escritora também foi se ampliando, se fortalecendo e se esparramando para outros espaços, cidades e estados. Pouco a pouco fui ligando as duas pontas: educadora e escritora.

Comecei a participar de inúmeros eventos como escritora, nos quais sempre falava também como educadora, tais como feiras e festas literárias, bienais de livros, salões de livros, encontros com leitores, encontros com meus colegas escritores, rodas de leitura, rodas de conversa. Além destes, aceitei muitos outros convites para contar histórias e para compor mesas de debate sobre leitura, formação de leitor, marcas de africanidades presentes nos livros de literatura infantil e infanto-juvenil, desenvolvimento do gosto pela leitura e temas afins.

Conversando frequentemente com professores em diversos encontros, fui elaborando e oferecendo a eles formas possíveis de desenvolver o gosto pela leitura em crianças e jovens através, principalmente, do uso da estratégia da contação diária de histórias. Acredito que contar histórias é abrir a possibilidade de atingir o sensível do ouvinte e instaurar uma ambiência afetiva para o início de uma boa conversa, dentro e fora da escola.

Desde minha estreia como autora de livros para crianças que priorizo a temática afro-brasileira em minhas obras, dentre outros motivos, porque fortalece a minha identidade negra. Gosto de ver representados, positivamente, a minha família, os meus amigos e meus alunos. Quando criança e jovem encontrei poucas representações de personagens negros em situações de conforto e respeito. Quis fazer diferente quando me tornei escritora.

Há cerca de dez anos atrás, em visita a uma escola pública de Contagem em Minas Gerais, enquanto conversava com um grupo de crianças, um menino negro de aproximadamente oito anos levantou seu dedo e falou com sorriso nos lábios:

– Sonia Rosa, o menino Nito é da minha cor. Ele é igual a mim! Eu sou igual a ele!

Fiquei muito emocionada...

Com a minha experiência de professora e de vida, sempre percebi e me incomodei com a falta de representatividade positiva que a criança negra tem nos livros, filmes, programas de TV, comerciais e afins. As crianças negras são afetadas com a falta dessa referência. Consciente dessa demanda e ávida no desejo de contribuir para a valorização da identidade das crianças negras é que desde o meu primeiro livro, O Menino Nito (publicado em 1995), ofereço aos meus leitores muitos personagens negros em situações de protagonismo e de conforto. A temática afro-brasileira está sempre presente na minha obra, o quem é motivo de grande alegria e é também um compromisso com a minha história ancestral e minha identidade. Para aprofundar um pouco mais sobre esses inesgotáveis saberes, há alguns anos cursei a especialização "África-Brasil Laços e Diferenças", na Universidade Castelo Branco, curso muito importante para minha formação e compreensão das relações étnicos-raciais no Brasil.

Nos meus livros, busco contribuir para a diminuição das manifestações de preconceito racial que, infelizmente, ainda muito prejudica as relações na sociedade brasileira. É importante ressaltar que qualquer livro, especialmente aqueles voltados para o público infantil, nunca deve disseminar ideias e imagens preconceituosas de nenhuma espécie. Não é mais aceitável oferecer aos leitores, especialmente os de pouca idade, livros onde personagens negros estejam em situações de desprestígios e/ou de invisibilidade.

Após a promulgação da Lei nº 10.639[1] de 09 de

---

[1] Lei 10.639/03: "Altera a Lei no 9.394, de 20 de dezembro de 1996, que estabelece as diretrizes e bases da educação nacional, para incluir no currículo oficial da Rede de Ensino a obrigatoriedade da temática 'História e Cultura Afro-Brasileira', e dá outras providências.". Disponível no link: http://www.planalto.gov.br/ccivil_03/leis/2003/L10.639.htm - Acesso em 02 de maio de 2017.

janeiro de 2003, que institui a obrigatoriedade de contemplar o ensino da temática afro-brasileira em todas as escolas públicas e particulares do território nacional, surgiram dentro do mercado editorial muitos livros dando destaque à temática africana e afro-brasileira. E isto foi muito bom. Muitas lindas história das culturas africanas, como alguns mitos e lendas até então não tão divulgadas no Brasil, foram oferecidas ao público. A beleza plural dessas culturas se tornou ainda mais conhecida pelos brasileirinhos através dos muitos livros de literatura infanto-juvenil que se espalharam de norte e a sul do nosso país.

A partir da Lei 10.639/03, muitas publicações disponibilizaram revelações sobre o assunto. Foi possível trazer visibilidade para culturas africanas e para culturas de matriz africana, silenciadas durante séculos. Aos poucos, com o pontapé inicial da Lei, a força e a luta dos negros africanos escravizados aqui no Brasil vão conquistando espaços em livros infanto-juvenis, com a possibilidade de gerar potentes discussões em sala de aula.

Anos seguinte, foi promulgada outra Lei importante: a Lei nº 11.645[2] de 11 de março de 2008, que incluiu as questões indígenas nas escolas. Muitos livros surgiram sobre a temática. O protagonismo desse povo, suas lendas, seus mitos e suas histórias de resistência, foram se espalhando por bibliotecas, escolas, hospitais e lares.

A literatura favorece uma reflexão sobre as coisas da vida e também atua como elemento formador de valores, ideias e opiniões entre os leitores de todas as idades. Os mediadores de leitura, pais, professores, bibliotecários e agentes de leitura, precisam estar conscientes desse valioso papel na escolha do livro para partilhar com o outro, seja ele adulto, jovem ou criança, pois essa escolha faz toda a diferença.

---

2 Lei 11.645: "Altera a Lei no 9.394, de 20 de dezembro de 1996, modificada pela Lei no 10.639, de 9 de janeiro de 2003, que estabelece as diretrizes e bases da educação nacional, para incluir no currículo oficial da rede de ensino a obrigatoriedade da temática 'História e Cultura Afro-Brasileira e Indígena.'". Disponível no link: http://www.planalto.gov.br/ccivil_03/_ato2007-2010/2008/lei/l11645.htm - Acesso em 04 de maio de 2017.

INTRODUÇÃO

> *"A palavra é grávida de mundo."*
> **Paulo Freire**

Este livro é uma conversa. Conversa amorosa sobre leitura, literatura, livros, vida, crescimento, afetividades, histórias, sensibilidades, encontros, partilha de saberes e algumas maneiras de contar histórias. Uma conversa destinada aos professores, aos contadores de histórias, aos bibliotecários, aos pais, aos muitos mediadores de leituras que encontramos em hospitais, orfanatos, asilos. De forma ampliada, este livro destina-se aos agentes de leitura que estão espalhados por todo o país e que promovem a democratização do acesso ao livro e à leitura por meio de diversas atividades mediadoras ancoradas em acervos bibliográficos de variados espaços. Uma conversa em forma de livro para todos os entusiastas da leitura e da literatura.

Para começo de conversa, afirmo ser realmente possível despertar e desenvolver o gosto pela leitura literária nas crianças ou em pessoas de qualquer idade, através de pequenas ações cotidianas envolvendo o livro: lendo ou contando as histórias que moram dentro dele. São maneiras de dar ao livro o protagonismo que ele merece, especialmente nas casas e nas escolas.

Quando se consegue provocar o encantamento nas pessoas pela palavra escrita ou falada em prosa ou em versos, o resultado é fascinante! É um adentrar num mundo novo. É um topar viver novas experiências com infinitas possiblidades... E se esse despertar acontecer ainda criança, torna-se uma verdadeira preciosidade e age como um forte alicerce para todas as outras aprendizagens de sua vida. É realmente maravilhoso!

1.1. Por que conversar sobre textos e afetos em um livro?

"A literatura é a prima rica da filosofia humana."
Eliana Yunes
Cátedra Unesco de Leitura PUC-Rio

A ideia deste livro nasceu há muito tempo... Em minhas palestras sobre leitura – e algumas delas para pais e responsáveis, que são ouvintes muito especiais – comecei a ser provocada a ter um material escrito para oferecer aos ouvintes sobre o que falava nas palestras e de como contar uma história da melhor maneira possível. Sugeriam um livro acessível, de fácil entendimento e objetivo. Refleti sobre essa demanda dos meus interlocutores durante muito tempo. E venho rascunhando este projeto com afinco nos últimos dois anos.

Há tempos tenho como prática, no planejamento para as minhas apresentações, preparar roteiros para encaminhar meu raciocínio. Vez por outra ofereço, ao final da minha atividade, algum material escrito sintetizando os assuntos abordados nos encontros. Faço agora uma releitura de muitos desses escritos para incluí-los aqui neste livro. Considero esses escritos genuínos porque apontam o meu processo de aprendizagem e algumas ideias produzidas sobre a leitura e os temas afins.

Acredito que chegou o momento de arrumar no papel as tantas experiências compartilhadas ao longo desses mais de vinte anos de militância pela leitura e suas implicações: acesso aos livros e ao seu universo, políticas públicas de leitura, formação de leitores, o prazer de ler e, especialmente, a contação de histórias. E tal qual o desejo dos meus ouvintes (transformado em desafio para mim), espero que este seja um livro de linguagem simples, objetivo, acessível e que colabore para a disseminação da leitura literária para as crianças dentro e fora da escola. O termo leitura literária é a leitura feita de um livro. E Literatura é o nome elegante que as histórias recebem quando vão morar dentro de um livro.

1.2. Por que é tão importante ler para os pequenos?

Esta pergunta provoca muitas reflexões. É importante ler para os pequenos para que entendam mais sobre a escola, sobre a vida, sobre nós (o coletivo) e sobre eles mesmos (o individual). Para que fiquem bem pertinho da gente e sintam a leitura como um abraço quentinho. Para que se tornem pessoas críticas e desde pequeninhos possam dizer as palavras SIM ou NÃO e saber explicar o porquê de sua escolha.

Lemos para os pequenos para provocar e desenvolver neles o gosto pela leitura, estimulando assim a sua criatividade – e também para que fiquem íntimos das palavras podendo usar e abusar delas em qualquer contexto. É uma forma de fortalecer a amizade com a palavra escrita, o que facilitará a sua comunicação com as pessoas ao longo de sua vida. Lemos para que não tenham medo de se colocar no mundo, construindo a sua própria maneira de dizer e de se anunciar; para que vivenciem através de sua imaginação muitas outras experiências que só a história contada de um bom livro de literatura pode provocar.

É importante ler para os pequenos para deixar aflorar o seu sensível e então aprenderem a respeitar as tantas diferenças e diversidades que encontrarão em seus caminhos ao longo dos dias, dos meses, dos anos, da vida. Lemos para os pequenos para que percebam desde cedo que a leitura de livros de literatura faz uma grande diferença na vida das pessoas de qualquer idade.

Por fim, lemos para os pequenos porque, dentre outras coisas, desejamos que nos tomem como exemplos de leitores nesta provocação de ler, ler, ler, ler.... Ler a vida inteira.

1.3. Como é possível despertar a paixão pela palavra nos pequenininhos?

> *Quem gosta de ouvir histórias,*
> *criança de qualquer idade,*
> *escuta com o coração,*
> *acredita que é verdade.*
> **Dircea Damasceno**
> contadora de histórias

É realmente possível despertar essa paixão! Isso pode acontecer de maneira bem natural e espontânea. Os bebês precisam ouvir alguém cconversando e cantando sempre com eles. O ritmo das palavras e canções embala os pequenos, deixando-os tranquilos e felizes. São as músicas ditas infantis, as cantigas de ninar, cantigas de trabalho, cantigas de roda, os provérbios, os brinquedos cantados, os trava-línguas, as adivinhações e até as músicas inventadas pelas mães, pais ou pessoas próximas ao bebê. Todas essas experiências tão afetivas podem despertar e acelerar a paixão pela palavra. Muitas cantigas são sussurradas ao pé do berço e algumas outras, mais expansivas, são cantadas com palmas e batidas de pé. As brincadeiras com as adivinhações, com as trovas e com os versinhos rimados, tão presentes no cotidiano dos pequenos, nas casas, nas escolas, ou até mesmo nas ruas, são fundamentais para aumentar essa paixão.

As crianças menores apresentam um fascínio pela sonoridade e pelo ritmo das palavras. As rimas encantam crianças de qualquer idade. Elas ficam felizes quando descobrem e conseguem articular direitinho uma palavra nova – e não tem vergonha e nem medo de expressá-la. Os adultos que a cercam devem ter consciência disso, estimular e respeitar a sua evolução que sempre ocorre em um ritmo próprio, individual.

Meu filho mais velho, quando era ainda um menininho, aprendeu a falar a palavra "abacate" e se apaixonou perdidamente por ela... Era uma alegria ver com que prazer ele a falava durante todo o dia, atribuindo-lhe vários ritmos e volumes variados: hora falando baixinho, outras vezes, "gritando" a palavra. Ele também a "cantava", para ele mesmo. Era muito interessante assistir esse despertar da paixão pela palavra falada. Sei que não foi coincidência o fato de hoje, já homem feito, ele continuar apaixonado pela sonoridade das palavras e ter se tornado um leitor voraz!

Adultos precisam aproveitar as muitas oportunidades que tem no seu dia-a-dia de brincar com as palavras com os pequenos. Isso facilitará a inclusão da leitura de livros como parte da rotina deles, independentemente da idade que tenham.

Ouvir histórias é mais um momento de intimidade e de compreensão dos múltiplos sentidos das palavras e de sua sonoridade peculiar porque a palavra falada é mesmo muito amiga dos pequenos e proporciona grande prazer quando as crianças descobrem que podem brincar com ela.

O longo caminho de tornar-se leitor, íntimo das palavras e familiarizado com os textos literários que moram nos livros, começa na infância. É através das brincadeiras com a sonoridade que, quando as palavras são anunciadas em voz alta ou cantadas em ritmos novos, ganham muitas possibilidades de sentidos.

Apenas para exemplificar, quando converso com as crianças nas escolas, gosto muito de brincar com os nomes delas. Às vezes faço uma brincadeira, um pouco bobinha na perspectiva do adulto, mas que as crianças adoram – e sempre nos divertimos bastante! É assim: primeiro explico como é a brincadeira e pergunto quem quer brincar. Algumas crianças não gostam de participar, mas ficam felizes em acompanhar o processo, que é muito engraçado. Uso o ritmo da última sílaba dos nomes do menino ou da menina e acrescento algumas expressões já prontas para entrelaçar com estas sílabas e formar novas rimas. Mais ou menos assim...

João – João-ão. Catibiri-bão. Serra-mata-fão. Fififi-ricão.

Sonia – Sonia-ônia. Catibiribônia. Serra-mata-fônia. Fififiri-cônia.

Monique – Monique-ique. Catibiribique. Serra-mata-fique. Fififiri-quique.

A alegria desta brincadeira engraçada, extraída da cultura popular e essencialmente inocente, está na sonoridade, no ritmo e nas novas palavras formadas.

1.4. Leitura compartilhada é um abraço mediado pela leitura, logo, é um ato de amor!

Os mediadores de leitura – bibliotecários, professores, pais e agentes de leitura, devem contar histórias para deleite dos ouvintes oferecendo a história como um abraço fraterno. Abrir um livro é libertar as palavras que moram dentro dele.

As palavras ganham vida na voz de alguém e neste seu novo formato ganha um movimento próprio.

Compartilhar uma história é contar, ler, mostrar as imagens do livro, conversar sobre os personagens e sobre a história ampliando e discutindo sobre o enredo. É importante ficar atento para não trabalhar didaticamente a história apresentada.

A escolha da história é muito importante. A "melhor história" é aquela escolhida com a sensibilidade e com a responsabilidade de quem sabe o que está fazendo.

O livro de literatura é um material rico, riquíssimo, para conhecer o mundo, outros mundos, outras pessoas. As pessoas se divertem lendo um livro. Elas viajam, tem prazer! Sonham, criam novas ideias sobre velhos conceitos. A leitura realmente alimenta as ideias! As múltiplas experiências de leitura e histórias formam o leitor crítico, formam o cidadão.

Compartilhar histórias em casa, em hospitais, nas creches, nos asilos, nos orfanatos, nas bibliotecas ou nas escolas, aponta para a necessidade da leitura na vida dos homens com a pretensão de torná-lo cada vez mais humano. Esta ação visa também a "aproximar o homem do livro", como nos ensina o saudoso escritor mineiro Bartolomeu Campos de Queirós, que tanto contribuiu (e ainda contribui) para o mundo da leitura, oferecendo uma literatura de qualidade. Compartilhemos então – preferencialmente todos os dias – boas histórias, bons livros, boas leituras.

Os responsáveis podem frequentar as bibliotecas públicas e as das escolas dos seus filhos. Assim, além de ampliarem seu repertório de histórias e poderem se deliciar com a magia da leitura de um livro, poderão ficar mais próximos dos seus filhos.

Precisamos oferecer histórias diversas com assuntos variados – assim como a vida real, que é repleta de muitos assuntos e saberes, de surpresas, de perdas, de ganhos, de nascimentos, de lutos, de conquistas, de sucesso, de lutas, de tristeza, de alegrias e de amores. Vamos compartilhar as histórias simples e também as mais complexas. Não devemos subestimar nossos leitores. As crianças são perspicazes no entendimento dos enredos e das histórias. Elas entendem muito mais do que os adultos imaginam que conseguem.

A seleção do repertório de histórias é livre. Reafirmo: todo assunto da vida real pode virar literatura. Mesmo os assuntos mais fortes, os mais dolorosos, os mais tristes. A leitura de livros ajuda a viver e a compreender os sentimentos. Às vezes ela é reconfortante e ajuda a minimizar dores.

O mais relevante no planejamento da partilha de um livro é que a pessoa leia a história antes de oferecê-la a alguém. Tal cuidado vale para os ouvintes de qualquer idade, mas, no caso de ouvinte criança, precisa ser maior ainda.

Preparar com antecedência uma história para contar significa estabelecer uma conexão prévia com a nossa emoção e, por vezes, com as nossas lembranças. No momento da escolha do livro a compartilhar, devemos considerar o público que será atendido e sempre usar o bom senso.

1.5. O que são práticas leitoras?

As práticas leitoras podem ser ações, por vezes simples, que envolvem o livro como protagonista no encontro entre pessoas e que tem como objetivo: formar novos leitores desenvolvendo o gosto pelo livro de literatura; promover a leitura como atividade cultural de conhecimento, de prazer e de entretenimento; ampliar repertórios de histórias; e conhecer os diversos estilos de escritas de variados autores. Existem inúmeras formas de exercitar as práticas leitoras. A seguir, apresentarei três exemplos:

Roda de leitura – Participantes acomodados em círculo e um leitor-guia conduz a atividade. Exige-se que o condutor (leitor-guia) tenha feito a leitura prévia. Os participantes não precisam necessariamente conhecer o texto que será "compartilhado". Na execução da atividade o texto será lido coletivamente. O leitor-guia lerá em voz alta e cada participante o acompanhará com o texto que lhe foi entregue, fazendo a leitura silenciosamente. Ao final, abre-se uma discussão, uma conversa. É importante que a escolha do texto para as rodas de leitura contemple um texto provocador de reflexões e que tenha força literária para afetar os participantes. A intenção com a leitura é estimular a discussão a seguir, considerando as múltiplas possiblidades que um texto pode oferecer para aquele grupo, naquele tempo e naquele espaço.

Encontro com autor – Um escritor é convidado para conversar com seus leitores sobre seus livros. Este encontro pode acontecer em escolas, espaços culturais e também em festas e feiras literárias. Nessas oportunidades, o autor responde perguntas e autografa seus livros. Alguns aproveitam para ler trechos de suas obras e contar um pouco sobre o seu processo criativo.

Contação de histórias – Esta atividade tem uma força extraordinária e inaugura um singelo diálogo entre corações. Ouvir histórias é momento de encantamento e cumplicidade. Contar histórias com o livro na mão, em variados espaços como escolas, hospitais, casas, bibliotecas, espaços culturais, é dar vez à palavra falada como elo afetivo entre quem lê e quem escuta – condição fundamental para a melhoria das relações humanas na infância, possibilitando crescer com desenvoltura. Podemos contar histórias de diferentes maneiras: lendo a história do livro, mostrando as imagens de cada página; ou decorando a história todinha, com suas vírgulas, pontos, pausas e mostrando ao final o livro da onde foi retirada a história contada. Cada contador de histórias tem a sua própria maneira de partilhar uma história. Particularmente, escolho sempre contar com o livro nas mãos, porque posso mostrar e promover o livro como um todo. Também me sinto mais confortável com este formato, já que não preciso decorar o texto, mas apenas senti-lo em sua essência. "Conta de novo!". É a maior alegria ouvir este pedido! Essa é a senha que revela que a contação de história foi bem-sucedida e a história foi bem recebida pelos ouvintes.

elo afetivo entre quem lê e quem escuta – condição fundamental para a melhoria das relações humanas na infância, possibilitando crescer com desenvoltura. Podemos contar histórias de diferentes maneiras: lendo a história do livro, mostrando as imagens de cada página; ou decorando a história todinha, com suas vírgulas, pontos, pausas e mostrando ao final o livro da onde foi retirada a história contada. Cada contador de histórias tem a sua própria maneira de partilhar uma história. Particularmente, escolho sempre contar com o livro nas mãos, porque posso mostrar e promover o livro como um todo. Também me sinto mais confortável com este formato, já que não preciso decorar o texto, mas apenas senti-lo em sua essência. "Conta de novo!". É a maior alegria ouvir este pedido! Essa é a senha que revela que a contação de história foi bem-sucedida e a história foi bem recebida pelos ouvintes.

1.6 Mas como é que se conta uma história?

Já vimos anteriormente que contar uma história é uma ação leitora, que tem a potência de formar novos leitores. Podemos contar uma história de diversas maneiras. A seguir, apresentarei em detalhes como conto histórias com o livro nas mãos.

É fundamental fazer uma leitura prévia da história antes de contá-la. Quando sabe do que se trata a história, o contador fica mais tranquilo e seguro. Em seguida, mostra a capa do livro e logo no início revela o título, diz quem é o autor, o ilustrador e a editora. Estas informações valorizam os artistas envolvidos no objeto-livro, além de aproximar o ouvinte do processo de criação do livro.

Em seguida, o contador lê partilhadamente; lê para o outro, página por página, tendo o cuidado de dar sempre vida às palavras. Dar vida às palavras significa dizê-las com vigor, com energia. Não é o timbre de voz que importa, porque ninguém precisa se transformar em outra pessoa para compartilhar uma história. O importante é que as palavras sejam ditas claramente e bem articuladas para que todos as escutem e as entendam.

A palavra falada, no ato de uma leitura em voz alta, atinge uma certa corporalidade. Este é o momento de maior encanto para o contador de histórias. É quando, junto com seus ouvintes, se transportam magicamente para outro espaço e outro tempo. E assim segue a contação, segue a partilha...

Após a leitura de uma página do livro, o contador de histórias mostra as imagens em seguida. Ou, como preferem alguns, faz-se a leitura de todo o livro para somente no final mostrar todas as imagens, sequencialmente, e bem devagar. É possível também ler mostrando todas as imagens ao mesmo tempo, com as páginas do livro bem abertas e viradas para o público.

No caso da leitura para apenas um ouvinte, como ocorre nas leituras em hospitais, o contador de história dependendo da situação do paciente, pode se sentar ao seu lado para folhearem juntos todas as páginas observando o texto e as imagens.

Por outro lado, deixar para mostrar as imagens do livro ao final da leitura é uma boa estratégica para o ouvinte produzir em sua cabeça as imagens que o texto sugere. Estimula a imaginação em qualquer idade.

Caso os ouvintes tenham mais idade – jovens ou mesmo adultos – a melhor estratégia é dar vigor às palavras, respeitando o ritmo próprio do texto. Ler também é pausar, quando necessário for. Isso facilita uma melhor absorção da história pelos ouvintes.

É fundamental que se olhe nos olhos de quem está participando da escuta das histórias. Esta é uma regra básica. Se for uma sessão de contação para grupos maiores, a pessoa que recebe o olhar amoroso do contador de histórias tem o sentimento de que ele está contando histórias especialmente para ela. Este é um singelo momento de selar a parceria e a cumplicidade, mediado pelo texto que os une.

2.1. Ler, narrar ou contar uma história?

Quero aqui ressaltar e diferenciar o ler, o narrar e o contar uma história. São diferenças sutis.

Para mim, ler simplesmente uma história é fazer a leitura de um livro, individual ou coletivamente. É possível fazer uma leitura silenciosa ou em voz alta. No caso da partilha de uma leitura, devemos lembrar que a nossa voz é o veículo para as palavras que estão no livro ganharem mundo. E não nos esqueçamos que partilhar uma história é essencialmente "ler para o outro", o que exige estratégias para atingir este outro. O jeito de pegar o livro e a postura corporal de quem está lendo, são elementos que vão anunciando as vivas palavras que até então estavam adormecidas dentro do livro.

Já o narrar vem das narrativas. Narrativa é um uma exposição de fatos, uma narração, um conto ou uma história; notícias de jornal, história em quadrinhos, romances, contos e novelas são, dentre outras coisas, formas de se contar uma história. A narrativa literária pode ser apresentada na forma de prosa ou verso. Os escritores narram as histórias nos livros. Os leitores leem essas narrativas através de uma leitura silenciosa ou em voz alta. No caso de uma partilha de narrativas diversas, devemos lembrar que a nossa voz atua, de fato, como um veículo para que essas narrativas cheguem aos ouvintes da melhor maneira possível.

O contar uma história tem foco na palavra falada. Pode ser em voz alta ou moderada, mas que seja confortável ao seu ouvinte ou ouvintes. Caso deseje e tenha segurança para isso, o contador de histórias pode imitar e criar vozes para os personagens.

O contador de histórias não precisa necessariamente ser fiel ao texto, mas sim fiel à história. Ele pode adaptá-la, caso deseje, mas deverá fazer isso com muito cuidado e muito respeito para não comprometer a obra do artista da palavra que escreveu o livro.

O contador de histórias se torna mais livre quando apresenta em seu trabalho os "contos populares". Nesse caso, ele pode criar e recriar os contos, dando-lhes algum ponto novo, isto é, fazendo um acréscimo pessoal à história. Ele não precisa mostrar o livro de onde retirou a história, mas é importante fazer referência à origem do conto popular. O livro presencial, nessas situações, torna-se dispensável, o que na minha opinião, é uma perda. Aprecio muito a presença do livro nas rodas das contações de histórias dos contos populares porque acho interessante a criança visualizar que ali naquele livro tem aquela história que acabou de ouvir e que poderá ver as imagens e ler a história relembrando aquele momento em que a ouviu. No entanto, é possível que alguns contos não tenham sido ainda registrados em livro. Nestes casos, é fundamental dizer a fonte dele, isto é, a sua origem. É importante explicar esta peculiaridade dos contos populares para que a criança não se frustre por não encontrar o livro correspondente a história ouvida.

2.2. Mas que histórias contar, ler, narrar?

A seguir, trarei algumas sugestões de textos para quem quer iniciar a caminhada de contador de histórias: histórias da Carochinha (lembram?) e as histórias de encantamento – de bruxas, de fadas, de duendes; lendas e os mitos – daqui e de outros lugares; as deliciosas e graciosas fábulas de Esopo e de La Fontaine (quem de nós algum dia não vestiu a carapuça?); os textos infantis clássicos de Charles Perrault (escritor francês) e dos Irmãos Grimm (escritores alemães) – com suas histórias de Chapeuzinho Vermelho, Gato de Botas, Cinderela, Branca de Neve e muitas outras; e os envolventes livros de Hans Christian Andersen – com seus personagens inesquecíveis, como Patinho Feio, Soldadinho de Chumbo, Pequena Sereia e outros muitos.

No Brasil, a farta produção de literatura de qualidade dos muitos dos nossos escritores é reconhecida mundialmente. A Fundação Nacional da Literatura Infantil e Juvenil (FNLIJ) é a maior autoridade em livro para jovens e crianças do Brasil. A FNLIJ é uma seção do International Board on Books for Young People (IBBYS) e tem proporcionado a alguns escritores brasileiros uma repercussão nacional e internacional. Através do site da FNLIJ[3] é possível ter acesso aos livros de escritores premiados com diversas menções, dentre elas o selo "Altamente Recomendável". As indicações são o resultado de avaliações dos leitores críticos chamados "votantes", que são especialistas em leitura que moram em diferentes estados do nosso país. Os "votantes" fazem a apreciação crítica dos livros de literatura para crianças e jovens publicados durante o ano.

Entendo que o bom livro de literatura é aquele que tem uma história bem contada, isto é, bem escrita e com sonoridade interessante. As ilustrações devem, criativamente, estar em harmonia com o texto. Em um livro infantil, especialmente, as imagens e o texto devem proporcionar um conjunto harmonioso e sedutor que desperte o desejo de ser lido em toda a sua dimensão – texto e imagens. Atualmente, o mercado editorial vem caprichando bastante na produção do "objeto-livro", principalmente, aqueles dedicados aos jovens leitores.

---

3 Site oficial da Fundação da Literatura Infantil e Juvenil: www.fnlij.org.br – Acesso em 04 de maio de 2017.

Uma preocupação com os leitores pequenininhos é percebida nitidamente na produção editorial dos últimos anos. Livros com histórias trazidas do cotidiano, com design ousado, cores variadas, em muitas dimensões, linguagem simples, tipos e tamanhos de letras selecionados. Todo esse crescente cuidado existe para que o livro, que é um "bem cultural de consumo", possa ser também oferecido e consumido, como uma "obra de arte"! Visitemos, junto com os nossos pequenos, as livrarias, as bibliotecas e as feiras de livros para que nos certifiquemos dessa realidade nessas novas publicações de livros infantis.

Hoje, o mercado editorial brasileiro está, no âmbito internacional, em uma situação de destaque com relação à qualidade da produção de livros infantis. Nossas escritoras Ana Maria Machado e Lygia Bojunga Nunes e o ilustrador Roger Mello, já foram agraciados com o "Prêmio Hans Chrsitian Andersen" – considerado o Prêmio Nobel da literatura infantil, entregue na Feira de Bolonha, na Itália, a maior feira de literatura infantil do mundo.

3.1. Os contos populares

Antes das histórias irem morar nos livros, elas moravam na boca do povo e foi desse jeito que elas se espalharam pelo mundo... Aqui, na nossa terra brasileira, não foi diferente. Foi passando de pai para filho que as histórias foram perpassando as gerações e o próprio tempo.

Câmara Cascudo, o nosso grande folclorista (que teve sua casa no Rio Grande do Norte transformada em Museu do Folclore), foi um pesquisador e recolheu ao longo de sua vida os dizeres e as histórias contadas pelo nosso povo. Cascudo valorizava a voz popular. Em seus livros encontramos dezenas de contos que refletem a nossa cultura e a nossa gente.

Compartilhar essas histórias oriundas da tradição oral, quer seja na vida, quer seja na escola, é uma maneira de não deixá-las morrer, já que todas elas fazem parte do acervo da nossa memória nacional, isto é, da nossa própria identidade.

3.2. O começo: quando o tempo foi inaugurado

Há muito tempo atrás não existia livros, nem escritos. Nem escritores. Mas existia um "leitor" primeiro. Esse "leitor" lia o mundo à sua volta, lia a natureza exuberante dos primeiros tempos. Quando o tempo foi inaugurado...

Algumas histórias misteriosamente o vento soprava trazendo e levando para lá e para cá. Havia também os que contavam e os que escutavam essas histórias trazidas pelo vento. Porque as histórias foram inventadas como tentativas dos homens de entendimento sobre os humores da natureza. A chuva. As plantas. O mar. O frio. O vento. O inverno. O verão. O sol. A lua. A fome, o caçar e o pescar. O nascimento, a vida e a morte. O primeiro homem. As primeiras lutas. As guerras. A fartura. As doenças. O amor. Os encontros e os desencontros. A constituição das famílias. As perdas e os ganhos.

O homem primeiro enfrentou muitos e grandes desafios. Precisou se instalar em um lugar, agrupar, plantar, descobrir o fogo e a roda. E descobrir o outro. Havia uma necessidade de se proteger das intempéries da natureza para sobreviver. Havia muitas urgências. Precisava aprender a não ser devorado pelos animais. Esse homem inaugural foi sentando ao redor da fogueira para se comunicar, para se aquecer, para conversar e inventar histórias. As lendas e os mitos foram sendo criados para explicar o que não se conseguia explicar.

Depois, muito tempo depois, as histórias foram se espalhando pelo mundo. Surgiram os contadores de histórias e então apareceram os griôs, que são os antigos contadores de histórias africanas e que, ainda hoje, exercem um papel fundamental em algumas comunidades do continente africano. Os griôs tem um compromisso muito especial, que é o de narrar as tradições e os acontecimentos de seu povo.

A tradição oral foi o primeiro formato das histórias contadas, compartilhadas naturalmente por um "leitor" perspicaz e sensível em sua observação no entorno de sua mágica existência. Muitas dessas histórias foram vividas. Algumas outras narrativas eram relatos de fatos ocorridos, como as narrativas de guerras, as conquistas dos rios e mares e até os contos fantasiosos – e ainda alguns mitos e algumas lendas. Como se ouve por aí em ditados populares: "Quem conta um conto, aumenta um ponto"; "Em cada canto, um toque novo".

Depois da escrita em pedras e nas paredes das cavernas, nas tabuinhas com escrita cuneiforme dos povos sumérios, dos papiros egípcios, e dos ideogramas chineses, chegamos à invenção da imprensa que foi um grande marco histórico. Esta máquina de impressão tipográfica inventada pelo alemão Johannes Gutenberg, no século XV, mudou o mundo das letras, da circulação do conhecimento, das notícias e das histórias. A invenção da imprensa teve um grande impacto na circulação das histórias pelo mundo.

E assim, depois de um longo caminho, nasceu o livro tal como o conhecemos hoje. Com ele, a indústria do livro, o mercado editorial, as editoras, os escritores. Aos poucos, foram também surgindo as várias categorias de literatura: contos, fábulas, poesia, policial, romance, ficção, literatura infantil, literatura para jovens e até literatura para bebês. Surgiram também os especialistas de leitura: mediadores, bibliotecários e críticos literários para comentar, criticar e escrever sobre todas essas literaturas. E alguns desses especialistas acreditam que existe apenas uma categoria de literatura. A própria literatura como arte da palavra. Os primeiros escritores de livros infantis não inventavam histórias inéditas e sim registravam-nas após recolherem da tradição oral. Os primeiros livros infantis recebiam então um formato específico para poderem ensinar normas de "bem-conviver" para as crianças, o que pode ser identificado nos livros de Charles Perrault, no final do século XVII. No entanto, o escritor Hans Christian Andersen, no início do século XIX, é considerado um inventor de histórias voltadas especialmente para crianças. Estamos falando de um mundo que ficou no passado: quando as crianças eram consideradas homúnculos (homens em miniatura), para somente tempos depois serem consideradas indivíduos com características físicas e emocionais específicas. Vale ressaltar que esse novo olhar sobre a infância provocou uma grande reviravolta na sociedade, na educação e em especial no mundo das histórias, que a partir de então tentou atender a esse público com características tão próprias.

Hoje, a evolução da humanidade e a presença do computador, da internet e das redes sociais nos apontam para novos caminhos: a chegada do livro digital e os famosos e-books. Vivemos na era digital e o objeto-livro está passando mais uma vez por uma grande revolução entre leitores, produtores de livros, mercado editorial, escritor e editora. Mas não tenhamos medo. O futuro chegou, mas ainda interage com o ontem para a construção de um novo hoje.

Contar histórias, esta ação tão simples e singela, fez e faz uma grande diferença para a humanidade e, assim, tal qual um abraço, nunca perderá sua importância e sua pertinência nas relações humanas.

3.3. Os contadores de histórias - Gregório Filho e a história da Casa da Leitura

Francisco Gregório Filho coordenou, junto com Eliana Yunes, a Casa da Leitura, no Rio de Janeiro, vinculada à Fundação Biblioteca Nacional (FBN) e que foi inaugurada em agosto de 1993. A Casa da Leitura foi sede do Programa de Incentivo à Leitura (PROLER), criado pelo Decreto nº 519 de 13 de maio de 1992. O PROLER pretendia cada vez mais ser uma rede nacional de referência em valorização social da leitura e da escrita, prezando pela qualidade, diversidade e inovação. Uma casa linda e cheia de magia que, além de gerenciar os Comitês do PROLER, presentes em várias regiões do país, oferecia muitos cursos, incluindo o de contador de histórias, ministrado por Gregório e Eliana, para o público em geral e, em especial, para professores. O curso, além de ensinar a melhor maneira de compartilhar uma história, considerando as especificidades individuais, proporcionava, naquela época, aos participantes a ampliação do seu repertório de histórias e de leituras. Cada encontro era repleto de afeto e variados textos literários. Eram compartilhadas as escritas sensíveis de Marina Colasanti, Adélia Prado, Lygia Bojunga, Clarice Lispector, Machado de Assis, Lima Barreto, Ana Maria Machado e muitos contos populares pelas palavras de Câmara Cascudo.

A Casa da Leitura incentivava os participantes dos cursos a serem multiplicadores de leitura em suas ambiências de trabalho. Havia um despertar para o incentivo à leitura literária, como uma atividade de prazer e também de provocação para a formação de novos leitores e de novas redes de leituras.

Tive o privilégio de fazer, em janeiro de 1994, o curso ministrado por Francisco Gregório Filho, que desde então considero ser o "Meu Mestre". Na verdade, este exímio contador de histórias se tornou Mestre de muita gente, de norte a sul do nosso país. Ele mora no Rio de Janeiro, mas é referência brasileira. Promove o livro, as pessoas e as suas histórias, a leitura, os leitores, a cultura, os escritores e, claro, as histórias.

Ensinar a ouvir e a contar histórias exige delicadeza, acolhimento, olhares e afeto – são esses os ingredientes fundamentais para levar até as rodas de histórias. Aprendi com o Meu Mestre a imensidão dessas imprescindíveis sutilezas do conviver na lindeza do ato da partilha de uma história.

3.4. Os contadores de histórias II – Contando histórias em hospitais: Projeto Viva e Deixe Viver

"O Instituto Rio de Histórias/Projeto Viva e Deixe Viver, nasceu e se fortaleceu nestes 20 anos de São Paulo e 12 anos de Rio de Janeiro, fundamentado na Arte do Encontro com o outro – ser humano x ser humano, integral, luminoso, potente – e utiliza como ferramenta o Livro e a Leitura. Casamento que se revelou poderoso, na cura da alma e das suas dores. Somos mensageiros da alegria, da felicidade, da beleza da vida, desconsideramos o local em que atuamos (instituições hospitalares), trabalhamos no mundo do "Era uma vez."

Regina Porto
Fundadora do Instituto Rio de Histórias –
Projeto Viva e Deixe Viver

"Contar histórias para crianças em hospitais é dar liberdade para sonhar e brincar. Viajar para longe descansar, vivenciando aventuras e se deliciando com risadas. Aprendi que as histórias transformam o ambiente."

Miriam Ribeiro
Professora e Voluntária do Projeto Viva e Deixe Viver

Qualquer pessoa que circular pelos corredores dos hospitais onde crianças estão internadas poderão observar homens e mulheres de todas as idades e de variadas ocupações profissionais vestidos com seus jalecos brancos e livros de literatura nas mãos. Um desses projetos de leitura em hospitais chama-se Viva e Deixe Viver, uma entidade sem fins lucrativos mas com infinitos ganhos humanos. Aliviam, mesmo que momentaneamente, as dores dos pacientes e de suas famílias. Os voluntários envolvidos nesta causa nobre são pessoas comuns que doam seu tempo para ler histórias nos leitos de hospitais. Nesses encontros amorosos, é visível a mudança das expressões e do encantamento no olhar dos pacientes.

As crianças, por instantes, se libertam da cama, da doença, dos desconfortos e viajam voando para o mundo das histórias. Os contadores de histórias são pessoas muito especiais porque oferecem carinho em forma de história. Os leitores acamados recebem essa doação com o coração em festa. Realmente sentem-se entre textos e muito afeto, acolhidos e aconchegados. A seguir, alguns depoimentos de pessoas envolvidas no Projeto Viva e Deixe Viver:

3.5. Os contadores de histórias III – E as histórias e os livros de literatura infantil também chegaram aos consultórios terapêuticos...

Uma outra vertente da ampliação do trabalho de leitura com livros de literatura voltados para crianças é a Biblioterapia. Com a palavra, a especialista:

"A Biblioteoterapia é a arte de cuidar através da literatura. Arte que só se revela a partir do encontro, entrega e afeto. Parte da criação de um espaço para a escuta (individual ou em grupo) para pinçar, do universo inesgotável e plural dos livros, palavras e imagens que possam desatar nós e construir laços e esperanças. Ora nomeando angústias, ora expandindo horizontes e saídas, ora oferecendo acolhida em outros universos de valores e possibilidades, a leitura é uma oferta de espaço para o desenho da vida. Quando a intervenção é certeira, o que requer uma dedicada atenção nas linguagens do outro, o efeito é inefável: a pessoa cresce em olhares, coragens e fazeres."

Cristiana Seixas
(Psicóloga, Biblioterapeuta e Arteterapeuta)

4.1. A indústria dos livros – As editoras: as fábricas de sonhos

Não é fácil publicar um livro, mas é possível! Os textos moram primeiramente na cabeça dos escritores antes de irem para o papel. Depois, eles são encaminhados para as editoras, que por sua vez avaliam se aquele texto tem qualidade para publicação e se estão de acordo com o desejo e com o planejamento da editora para os próximos anos.

Ser escritor é também um exercício de paciência. Porque o tempo do desejo é muito diferente do tempo real. Quando existe o interesse pelo escrito apresentado, a editora sugere um ilustrador ou uma ilustradora para produzir a obra, o objeto-livro. A assinatura do contrato de edição entre editora e escritor sela o compromisso de ambos. No contrato são explicitados os percentuais de venda do livro. Geralmente o escritor fica com dez por cento do valor de cada livro, referente ao direito autoral, e a editora com o restante, porque ela fica com toda a da venda, da divulgação, da produção e do marketing do livro.

A produção editorial – que é a feitura do livro propriamente dito – é um momento muito importante no processo. Ela envolve diversas pessoas e profissionais da área. É quando o livro ganha a "cara" dele, isto é, a sua identidade visual. É também quando se imprime a marca da editora e se concretizam os sonhos do editor, do designer, do ilustrador e do escritor.

Algumas reuniões e trocas de ideias acontecem até ser decidido o projeto gráfico, a capa, o lugar do texto em harmonia com as imagens, o tamanho do livro, o tipo de letra usada, o número de páginas, dentre outros detalhes. O escritor nem sempre participa de todas essas decisões, mas é informado do processo. Algumas vezes acompanha a feitura do seu "filho", que a partir de então deixa de ser "só dele" para ser um produto fruto de vários olhares e sensibilidades. Como escritora, posso dizer que o processo de produção – iniciado a partir de uma ideia que vira texto e se transforma em livro – é muito emocionante.

Depois da passagem pela produção editorial, o projeto livro se transforma em um "boneco", que nada mais é do que o protótipo, o livro inaugural. Quando chega à gráfica, este será replicado mil, duas mil, três mil vezes. Quando sai da gráfica, já transformado em vários exemplares, algumas unidades seguem direto para o colo do escritor.

Ter um livro de minha autoria no meu colo, pela primeira vez, quentinho saindo da gráfica – tal qual pão quentinho saindo do forno – é uma alegria muito especial. Quando o coloco nos meus braços, pela primeira vez, fico tão encantada que quase sempre choro.

4.2. Os escritores

"A criança que brinca e o poeta que faz um poema estão ambos na mesma idade mágica".
Mário Quintana

Publicar livros é uma maneira corajosa de se esparramar pelo mundo e se permitir misturar com as ideias dos outros. Os artistas da palavra são seres deste mundo que se alimentam de muitas leituras e de muitas histórias. Escritores gostam de compartilhar sentimentos, opiniões e sensibilidades. O olhar de um escritor atravessa aquilo que aparentemente é, ou seja, ele vai além do que se vê.

Escrever livros implica em muita responsabilidade. Escrever para crianças implica em uma responsabilidade maior ainda.

Por que escrevo para crianças?

Antes de perguntar a alguns colegas de letras eu respondo.

Escrevo para crianças porque adoro ficar perto delas e aprender com sua lógica a leveza e a boniteza de viver!

A seguir, as respostas de alguns escritores...

> *"Escrever para crianças não foi algo que procurei, mas algo que veio naturalmente. O universo infantil me permite olhar e pensar como criança. Fazer travessuras com as palavras..."*
> **Cecilia Botana**

> *"Eu escrevo para crianças porque adoro sinceridade e não existem criaturas mais sinceras e espontâneas do que criança. Pena que isso tenha prazo de validade."*
> **Júlio Emílio Braz**

> "Pelas palavras e imagens que crio, além de contar histórias, realizo uma grande troca de carinho com os leitores."
> **Marilia Pirillo**

> "Escrevo aquilo que gostaria de ter lido quando era uma criança."
> **Rogério Andrade Barbosa**

> "Porque acredito na capacidade das crianças e jovens de reinventarem a vida. Porque quero mergulhar nas questões da vida, trazê-las para os leitores criando um mundo mais justo para morarmos. Porque acredito na descoberta o no espanto que existe no olhar de cada criança e jovem, acredito em seus silêncios, suas dores e alegrias."
> **Anna Claudia Ramos**

"Penso que todos os temas devam ser tratados com as crianças e sigo essa orientação nos meus livros dirigidos a elas. Um deles trata da morte; outro trata de amizade e tem um personagem quilombola que perde a mãe, morta por grileiros. Meu desafio como escritora é construir uma linguagem que dialogue com as características cognitivas das crianças."

Cidinha da Silva

"Escrevo. Sem pensar num leitor específico. O escrito brota de uma inquietude dentro de mim. Muitas vezes, um sentimento de criança. Algo que ficou lá atrás, mas ao mesmo tempo está ali no papel. É como uma saudade: conversa com o que foi e com o que está acontecendo."

Ninfa Parreiras

"Porque adoro instigar, provocar a imaginação, brincar com o suspense, com o humor, com as palavras, seus sentidos e sua sonoridade. Quando escrevo é como se estivesse conversando com as crianças."
Sandra Ronca

"Escrevo literatura infantil porque é uma forma de me conectar com o menino que ainda mora dentro de mim. O menino que criava histórias para suas brincadeiras e que hoje as coloca no papel."
Alex Gomes

"Todo mundo diz que literatura é uma viagem. É mesmo. A gente se transporta para outros mundos. Eu viajo quando leio e quando escrevo. Escrevo para crianças porque gosto de viajar em boa companhia."
Cristina Villaça

> "Quando me vi escrevendo para crianças, descobri um mundo dentro de mim. Revisitei a infância. E a LIJ [literatura infanto-juvenil] se fez, para mim, um espaço de troca com crianças e com jovens: o que eles me dizem, o que aprendo com eles, o que tenho a dizer. O que sinto. Às vezes, muito divertido. Outras, algumas dores, espantos. Vida."
> **Edna Bueno**

> "Escrevo para crianças porque o pensamento mágico me encanta."
> **Georgina Martins**

> "Eu escrevo para crianças a fim de dar uma resposta à minha criança interior. Hoje, adulta, sei que a criança que fui sobreviveu e hoje, procuro caminhar com o coração nos pés."
> **Kiusam de Oliviera**

> "Porque ser criança no mundo é precisar se adaptar o tempo todo a dimensões inadequadas, a formas de falar estranhas, a verdades incompreensíveis. Escrevo para minha própria perplexidade vivida na infância, no legítimo anseio de responder às angústias da menina que fui, construindo essa ponte de afeto com as outras meninas e meninos, que também são um pouco eu mesma."
> **Andrea Viviana Taubman**

4.3. Os ilustradores

É de suma importância o papel dos ilustradores dos livros infantis e juvenis na formação do leitor e no desenvolvimento do gosto estético pelos leitores crianças. Faz tempo que tínhamos como referência apenas esse ou aquele ilustrador. Hoje temos muitos profissionais nesta área. São homens e mulheres. São artistas criando, com a sua arte, imagens fantásticas para diversos textos. Muitos são reconhecidos através dos prêmios que recebem dentro e fora do Brasil.

Os ilustradores trabalham com seu talento e sua sensibilidade para o nascimento de um livro maravilhoso. É uma tarefa muito delicada, que envolve muito trabalho, dedicação e sensibilidade.

Por que ilustro para crianças?

"São muitas as razões que tenho para escrever — e ilustrar — livros para crianças. Uma delas é manter vivo e brincante o menino que ainda se aninha em algum recanto deste velho coração."
Maurício Veneza

"Ilustro livros para crianças por acreditar na importância e no sentido desse trabalho em minha vida. Gosto de pensar que nos livros ilustrados o texto convida a brincar, imaginar e ler o mundo através das palavras e as ilustrações convidam através do olhar. Um olhar que brincou nos livros jamais será o mesmo. Se tornará sensível, empático e questionador."
Luna Vicente

"Eu crio narrativas visuais pelo desejo irresistível do diálogo com o leitor e pela possibilidade mágica de fazer parte de seus universos particulares. Mais do que sensibilizar o leitor em formação, na verdade sou eu quem me sensibilizo e me refaço a cada novo livro que lanço ao mundo."

Anielizabeth

"O livro infantil não é feito para crianças, é apenas um livro. As suas ilustrações regam sonhos nos menores e resgatam as memórias de quem realmente somos nós maiores. Ilustrar para crianças é dar voz a tudo aquilo que deixa de fazer sentido quando crescemos, porque demos espaço para incoerências maiores."

Anna Bárbara Martins Simonin

4.4. "Entrou por uma porta e saiu por outra..."

Termino esta conversa sugerindo mais uma vez que leiam diariamente para suas crianças. E que leiam para vocês mesmos. Sempre. E que coloquem literatura, em forma de prosa ou de poesia, frequentemente em suas vidas... Nem que seja apenas uma pequenina poesia ao amanhecer do dia.

A leitura alimenta as ideias.

É tão simples. É tão possível oferecer todos os dias uma história para nossos pequenos. Este afeto certo mediado pelo livro é um grande ingrediente para o crescimento emocionalmente saudável deles.

Para nós, adultos, a leitura literária ajuda na manutenção da nossa saúde mental.

As histórias são o tempero mágico que vão ajudar aos nossos pequenos a se tornarem pessoas sensíveis, curiosas e interessadas em assuntos diversos.

Espero que esta conversa não se esgote aqui neste livro, mas que ela possa continuar em outros espaços da vida com outros interlocutores.

Desejo que os assuntos "livros", "leituras" e "histórias"

estejam sempre presentes nas muitas espontâneas rodas de conversas, entre amigos e familiares, dentro e fora da escola. E que o afeto e a alegria sejam grandes parceiros na convivência com as nossas crianças e os nossos jovens.

Afinal, a literatura e as histórias nos abraçam, profundamente.

Viva o contador de história! Viva a literatura!

Esta obra foi composta em Arno Pro Light (miolo) e Verdana (títulos), sobre papel Pólen 80g, para a Editora Malê, no Rio de Janeiro e impressa pela RENOVAGRAF em agosto de 2023.